Ich wäre jetzt lieber draußen

Kleine Auszeiten in der Natur

GROH

Die Natur ist eine einzigartige Energiequelle, um den seelischen Akku wieder aufzuladen. Hier kann man tief durchatmen, die Naturgeräusche auf sich wirken lassen und das Lichtspiel der Sonne in den Blättern bewundern.

TAUCHE EIN

in inspirierende Augenblicke voller Ruhe und stille deine Draußen-Sehnsucht!

Wir sollten jeden Tag wie ein neues Leben beginnen.
Edith Stein

Für viele ist es nur ein Gedanke.
Für einige ist es nur ein Traum.
Für dich ist es das Ziel:

LAUF LOS!

Silke Förster

EIN SPAZIERGANG
am frühen Morgen
ist ein Segen für den
ganzen Tag.
Henry David Thoreau

Draußen fühlt man sich groß und frei

WIE DIE GROßE NATUR,

die man vor Augen hat.

Johann Wolfgang von Goethe

Die Landschaft
erobert man mit den
SCHUHSOHLEN,
nicht mit den Autoreifen.
Georges Duhamel

Denn wenn man sich anders
als auf seinen eigenen Füßen vorwärts
bewegt, so geht das viel zu schnell
und man versäumt

**tausend kleine zarte
Freuden,**

die am Wegrand warten.

Elizabeth von Arnim

Jede Wanderung
ist ein Weg zur

INNEREN
ZUFRIEDENHEIT.

Kirsten Schwert

DIE SCHÖNSTEN
MOMENTE
erlebt man offline.

ATEMHOLEN

Das Beste für das

INNERE GLEICHGEWICHT

sind kleine Pausen draußen in der Natur.

Irmgard Erath

WENN DER WEG
SO SCHÖN IST,
lass ihn uns gehen
und nicht fragen,
wohin er führt.

Es ist allemal besser,

MUTIG DRAUFLOSZUGEHEN

als bedächtig.

Ernst Moritz Arndt

Die Natur
ist ein sehr gutes
BERUHIGUNGSMITTEL.

Anton Tschechow

ENTSCHLEUNIGUNG

Erblüht eine Blume,
zeigt sie uns
die Schönheit der Welt.
Geht ein Wunsch in Erfüllung,
bekommen wir eine Ahnung
vom Paradies.

Jane Robinson

Mach nur die Augen auf;
alles ist schön!

Ludwig Thoma

Auch wenn wir

DEN REGENBOGEN

nie finden werden –
das Suchen hat doch
auch seinen Reiz.

Lucy Maud Montgomery

DIE SEHNSUCHT
legt dir bunte Träume
ins Herz.
Paul Hufnagel

Wo immer wir wandern,
WINKEN WUNDER.
Andreas Tenzer

Die Natur
zeigt uns immer wieder,
wie schön, wie wunderbar auch
das Kleinste werden kann,
wenn man ihm
Zeit lässt.

Irmgard Erath

Eine Grundbotschaft
der Natur lautet:
Alles hat und alles braucht
SEINE ZEIT.
Ernst Ferstl

Das schönste Geschenk ist Zeit.
Zeit zum Durchatmen.
Zeit zum Innehalten.

ZEIT ZUM LOSLASSEN.

Das Gesicht eines Waldes
strahlt Ruhe und Wärme aus.

Friederike Weichselbaumer

Die Parteien streiten sich,
und im Wald

ENTROLLT SICH
EIN FARN.

aus China

Ich verstehe nicht,
wie man
an einem Baum
vorübergehen kann,
ohne glücklich zu sein.

Fjodor Dostojewski

Bäume sind die schönste
Verbindung zwischen
HIMMEL
UND ERDE.
Hermann Lahm

Wir lagen auf der Wiese und

BAUMELTEN MIT DER SEELE.

Kurt Tucholsky

GELASSENHEIT

Uns fehlt nur eine Kleinigkeit,
um so frei zu sein
wie die Vögel sind:

NUR ZEIT.

Richard Dehmel

Wer langsam
schlendert,
sieht am meisten
von der Landschaft.
aus England

Wandern ist mehr als ein Gehen
von einem Ort zum andern!
Wandern ist Erfassen und Erleben
der Landschaft und der Natur!

Wandern ist ein Weg der Persönlichkeitsentwicklung.

Georg Fahrbach

Im Unterwegssein
WEITET SICH
DER BLICK
für Wesentliches.
Friederike Weichselbaumer

WANDERN

gibt mehr Verstand,
als hinterm Ofen sitzen.

Paracelsus

Das Beste
steht nicht immer
in den Büchern,
SONDERN
IN DER NATUR.
Adalbert Stifter

GENIEßE JEDES WETTER,

solange die Natur es erlaubt.

aus Japan

Freude ist
die Sonne deines Herzens –
sie scheint, auch wenn es
draußen regnet.
Paul Hufnagel

IN DIE NATUR GEHEN,

das Herz mit Schönheit füllen, damit die Freude bleibt.

Justus Paul

DRAUßEN IST DER
SCHÖNSTE ORT.

Sieh auf die Natur:

SIE IST BESTÄNDIG IN AKTION,

steht nie still,
und doch schweigt sie.

Mahatma Gandhi

Die größten Wunder gehen in der Stille vor sich.
Wilhelm Raabe

Ohne große Planung in die Natur gehen,
den Alltag ausschalten, die Sinne einschalten,
heute den Tag bereichern, und morgen
mit neuer Kraft in den nächsten
Arbeitstag starten.

Einfach mal machen!

unbekannt

KRAFTORT

Geh dorthin,
wo du dich
LEBENDIG
fühlst.

Wir sollten unser Leben
nicht zu sehr verplanen,
sondern manchmal einfach
die Schuhe ausziehen und

BARFUß

durchs Gras gehen.

Lissy Klee

Zu wissen,
dass da jemand ist,
der zu einem steht,
der mit einem durch
dick und dünn geht,
ist unbezahlbar.
Nina Sandmann

Der Sinn des Reisens ist,
an ein Ziel zu kommen,
der Sinn des Wanderns,

UNTERWEGS ZU SEIN.

Theodor Heuss

Der Weg
WÄCHST IM GEHEN
unter deinen Füßen wie
durch ein Wunder.
Reinhold Schneider

Wir sind Pilger,
die auf verschiedenen
Wegen einem

GEMEINSAMEN
TREFFPUNKT

zuwandern.

Antoine de Saint-Exupéry

Aus einem
STROHHALM
wird ein
Vogelnest.
Weisheit der Ovambo

Freude am Schauen und Begreifen ist

DIE SCHÖNSTE GABE DER NATUR.

Albert Einstein

In der Natur
fühlen wir uns so wohl,
weil sie kein Urteil
über uns hat.

Friedrich Nietzsche

DIE NATUR

kreiert nicht ohne Bedeutung.

Aristoteles

Der Herbst ist
des Jahres schönstes

FARBIGES LÄCHELN.

Willy Meurer

FARBENRAUSCH

Auf unserem Streifzug über
Wiesen und durch Wälder entdecken wir
viele kleine Schätze, aus denen
unsere Phantasie
Wunderbares entstehen lässt.

Elfriede Engel

Bei jedem Spaziergang
durch die Natur erhält man
viel mehr, als man gesucht hat.
John Muir

Mag auch
alles erforscht sein,
die Natur
offenbart uns
immer neue
GEHEIMNISSE.

Kurt Haberstich

Was ist
hinter der Natur?
Nichts?
ALLES!
Paul Cézanne

Die Natur
schenkt dir
GLÜCK
in Fülle.
Genieße es!

Genieße

DIE SCHÖNHEIT

DER NATUR,

und das Glück

fließt in dein Herz.

Paul Hufnagel

BLUMEN ANSCHAUEN

hat etwas Beruhigendes:
Sie kennen weder Emotionen
noch Konflikte.

Sigmund Freud

In der Natur
BLÜHT UND REIFT
alles in der Stille.
Yvonne Mölleken

Nach dem langen Weg
durch den Nebel
möge dir die wärmende
Sonne begegnen.
Irischer Segenswunsch

Eine Wanderung im Nebel ist wie ein

Eintauchen in eine andere Welt.

Das Konkrete ist verwischt.
Das Undeutliche regt die Phantasie an
und schärft die Beobachtungsgabe.

Kurt Haberstich

Wandern
ist auch Sehen,
Schauen und
ERKENNEN.
Paul Herder

Die Welt ist voller Wunder,
wenn man sie

MIT DEM HERZEN

betrachtet.

Hilla Olnhoff

FRIEDEN

findet man nur in den Wäldern.

Michelangelo

Die vielen Bäume
und die wenigen Menschen –
die machen den Wald
SO SCHÖN.
Otto Weiss

WALDBADEN

Wer durch Wälder wandert, erlebt die

Persönlichkeiten
der Bäume.

Dort stehen sie schweigend und würdevoll,
doch niemals unfreundlich.
Und oft ist uns dann, als würden sie mit
voller dunkler Stimme zu uns reden.

John F. Carlson

Wer allein
mit einsam verwechselt,
der hält auch

STILLE

für lautlos.

Hermann Lahm

Die Stille kann dich
ÜBERRASCHEN,
wenn du dich
auf sie einlässt.
Dagmar C. Walter

Nutze die Talente, die du hast.
Die Wälder wären still,
wenn nur die begabtesten
Vögel sängen.

Henry van Dyke

Die Kraft des Baumes

liegt in den Wurzeln, nicht
in den Zweigen, aber in den Zweigen
wird sichtbar, welch eine Kraft
im Baum wohnt.

Ottilia Maag

Der Arzt kann
eine Krankheit behandeln,
aber nur die Natur

KANN SIE HEILEN.

Hippokrates

AUFTANKEN

Die Sonne erwacht,
schenkt dir
einen neuen Tag
VOLL LICHT
UND WÄRME.

Ulla Keleschovsky

Wer den Blick
für die Schönheit der Natur
nicht verliert, ist der

REICHSTE MENSCH

auf Erden.

Hilla Olnhoff

Wandern ist die vollkommenste Art
der Fortbewegung, wenn man
das wahre Leben entdecken will.
Es ist der Weg

in die Freiheit!

Elizabeth von Arnim

Die Natur befreit

DEN GEIST.

unbekannt

FREIRAUM

Wir spazieren
über blühende Wiesen und spüren,
unsere Seele
beginnt sich frei zu machen
von Alltagsgedanken und kleinen Sorgen,
sie atmet befreit durch und
wird hoffnungsvoll.

Angelika Emmert

Wünschen ist:
auf ein Ziel
zuwandern.
unbekannt

Deine Füße
tragen dich dahin,
WO DEIN HERZ IST.

Keltische Weisheit

Mein Wunsch ist es,
immer so zu bleiben
und ruhig in einer Ecke
der Natur
ZU LEBEN.
Claude Monet

Es ist doch eigentlich
der Hauptinhalt im Leben:

SEHNSUCHT

und wieder Sehnsucht.

Franziska Gräfin zu Reventlow

Natur
ist ein eigener
KOSMOS
des Glücks.
Angelika Emmert

Das Glück
kommt nicht ungerufen.
Man muß ihm

ENTGEGENGEHEN.

Ugo Foscolo

Nichts kann einem

DIE TÜR
ZU SICH SELBST

besser öffnen
als ein Spaziergang.

Mark Twain

Die einzige Welt,
in der einer
ganz er selbst sein kann,
ist die Natur.
Boris Pasternak

Ein ausgedehnter Spaziergang

in der Natur schafft es im Nu,
dass alle Hektik einem heilsamen
Wohlbefinden weicht.

Angelika Emmert

Der einzige
Moment,
der zählt, ist
JETZT.

Auch ein kleiner Schritt kann für einen GROßEN AUFBRUCH stehen.
Justus Paul

Einen

NEUEN WEG

zu gehen heißt nicht
automatisch, die Richtung
ändern zu müssen.

Ernst Ferstl

Den Spuren seines

LEBENS

nachgehen bedeutet:
sich selber neu entdecken.

Renate Nußbaumer

Der Blick in die Natur
öffnet den Blick in
DIE SEELE.
Friederike Weichselbaumer

Ein Spaziergang
durch Wald und über Wiesen
führt uns auf die richtige Spur,
zu mehr innerer Ruhe und

GELASSENHEIT

im Leben.

Elfriede Engel

Beim Betrachten der Natur werden DIE GEFÜHLE geboren.

aus Japan

Jede Knospe
ist ein Zeichen
der Hoffnung.
Nina Sandmann

Ein froher Sinn
ist wie der Frühling.
Er öffnet die
BLÜTEN
der menschlichen Natur.

Jean Paul

Dem Fröhlichen ist jedes Unkraut

EINE BLUME,

dem Betrübten ist jede Blume
ein Unkraut.

aus Finnland

Ein froher Gedanke
macht dich bereits
zu einem kleinen
GLÜCKSPILZ.
Paul Hufnagel

Man genießt die Natur
auf keine andere Weise so schön
als bei dem langsamen,

ZWECKLOSEN GEHEN.

Wilhelm von Humboldt

Entdecke den Genuss der
LANGSAMKEIT.

DER WINTER
zeigt uns eine Jahreszeit lang,
was „zur Ruhe kommen“
bedeutet.
Elfriede Engel

Die Natur
braucht die Stille des Winters,
damit auch sie vom Frühling

TRÄUMEN

kann.

Irmgard Erath

Jedes Samenkorn
schließt in sich eine
Sehnsucht ein.
Khalil Gibran

DAS GRÖßTE GUT,

das uns geschenkt ist,
ist die Sehnsucht
unserer Seele.

Novalis

Gönnen wir uns stille Momente,
lassen wir unsere Gedanken wandern
entlang der Bäume und Wege,
dann finden wir neue Stärke,
eine Klarheit, die uns
wie eine Quelle
erfrischt und belebt.

Elfriede Engel

Die Stille
ist nicht leer.
Sie ist voller
ANTWORTEN.

Im achtsamen Unterwegssein

stellt man beglückend fest, dass
Dinge erfasst werden,
die im eiligen Vorbeigehen
verborgen bleiben.

Kurt Haberstich

Du musst
nur langsam
genug gehen,
um immer in der
SONNE
zu bleiben.
Antoine de Saint-Exupéry

DAS WAHRE GLÜCK,

das sind die kleinen Sonnenstrahlen,
die uns auf den Weg fallen.

unbekannt

Bäume
sind offensichtlich
vernünftiger als wir,
sie streben immer
nach dem Licht.
Anke Maggauer-Kirsche

Der Mensch ist
EIN TEIL
DER NATUR
und nicht etwas,
das zu ihr im
Widerspruch
steht.
Bertrand Russell

Es steht also fest,
dass alles, was gut ist,
dadurch gut ist,
dass es eine

EINHEIT

bildet.

Dante Alighieri

Das Wasser ist das

SCHÖNSTE DING DER WELT.

Thales von Milet

BACHGEPLÄTSCHER

Das Wasser verliert niemals
SEINEN WEG.
aus Afrika

Ein Tag

AM WASSER

ist ein guter Tag.

Der Klang
der Regentropfen
wird im Lauschen

ZUR
MELODIE.

Friederike Weichselbaumer

NATURRAUSCHEN

Die Erde
hat Musik für
diejenigen,
DIE ZUHÖREN.
William Shakespeare

Ein Vogel singt nicht,
weil er eine Antwort weiß.
Er singt, weil er
EIN LIED KENNT.

Joan Walsh Anglund

Schon ein Blick
in die Natur genügt, um

GLÜCKLICH

zu sein.

Kurt Haberstich

Es gehört zum Begriff des Spazierengehens, dass man keinen ernsthaften Zweck damit verbindet.
Wilhelm von Humboldt

Manche Dinge
lernt man
am besten
in der Stille,
manche
IM STURM.
Willa Cather

Bäume und Flüsse, blauer Himmel und
schöne Fernsichten
sind ebenso notwendig zur Bildung
wie Bänke und Wandtafeln,
Bücher und Prüfungen.

Rabindranath Tagore

Wandern heißt:
auf eigenen Füßen
gehen,
um mit eigenen Ohren
zu hören,
um mit eigenen Augen
zu sehen.
Wilhelm Heinrich Riehl

Die Schönheit der Erde
kann man nicht kaufen,
sie gehört dem, der sie entdeckt,
der sie begreift und versteht,

SIE ZU GENIEßEN.

Henry Bordeaux

Nur wo du zu Fuß warst,
bist du auch wirklich gewesen.
Johann Wolfgang von Goethe

WIE WEIT

muss einer wandern,
bis er seine Heimat
entdeckt!

unbekannt

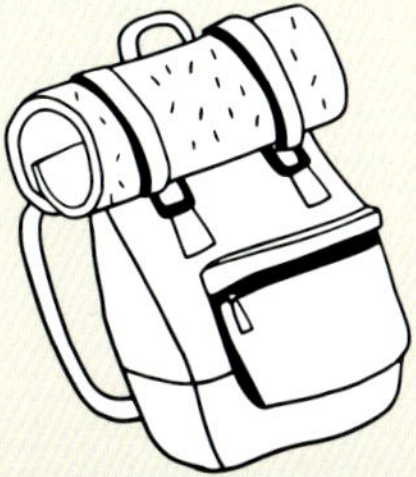

DRAUßENSEHNSUCHT

Schon ein Blick
in die Natur genügt, um

GLÜCKLICH

zu sein.

Friederike Weichselbaumer

Willst du wissen,
was Schönheit ist,
so gehe hinaus
in die Natur,
da findest du sie.
Albrecht Dürer

In den kleinsten Dingen zeigt die Natur die

ALLERGRÖßTEN WUNDER.

Carl von Linné

In jedem

GESCHÖPF

der Natur lebt das Wunderbare.

Aristoteles

DRAUßEN
ist zu schön
für irgendwann.

Die Zugvögel überwinden
erstaunliche Entfernungen, um das
Land ihrer Träume
zu erreichen – indem sie niemals
ihr Ziel aus dem Auge verlieren!

Yvonne Mölleken

Dem Träumer stehen alle Wege offen.
Arthur Lindner

Textnachweis: Wir danken allen Autoren bzw. deren Erben, die uns freundlicherweise die Erlaubnis zum Abdruck von Texten erteilt haben, sowie Ernst Ferstl, www.gedanken.at.

Bildnachweis: Cover und S. 2: DieterMeyrl/E+/Getty Images; Illustrationen: jenny on the moon/Shutterstock.com; S. 4: James O'Neil/Photodisc/Getty Images; S. 6: dmitriyGo/Shutterstock.com; S. 8: Jordan Siemens/Stone/Getty Images; S. 11: Alex Ratson/Moment/Getty Images; S. 12: Denis Belitsky/Shutterstock.com; S. 14: JayKay57/E+/Getty Images; S. 17: MarinaBelonogova/Shutterstock.com; S. 19: stock.adobe.com/S.H.exclusiv; S. 21: stock.adobe.com/APchanel; S. 22: Supakrit Tirayasupasin/Moment/Getty Images; S. 24: stock.adobe.com/muratani; S. 26: stock.adobe.com/Foto Graf; S. 29: © Marco Bottigelli/Moment/Getty Images; S. 31: stock.adobe.com/Benjamin Klingebiel; S. 33: Andrew Pustiakin/Shutterstock.com; S. 35: massimo colombo/Moment/Getty Images; S. 37: stock.adobe.com/Stanislav Duben; S. 39: stock.adobe.com/artmim; S. 41: kasakphoto/Shutterstock.com; S. 43: stock.adobe.com/sleepyhobbit; S. 45: UBC Stock/Shutterstock.com; S. 46 und 84: Westend61/Getty Images; S. 48: stock.adobe.com/Gajus; S. 50: stock.adobe.com/Screeny; S. 52: Alena Brozova/Shutterstock.com; S. 54: Jim Cumming/Moment/Getty Images; S. 57: stock.adobe.com/RomixImage; S. 59: Draw05/Shutterstock.com; S. 61: Vitalii Bashkatov/Shutterstock.com; S. 62: Bogdan Sonjachnyj/Shutterstock.com; S. 65: stock.adobe.com/Philip Steury; S. 66: Mihaela-Iuliana Stancu/Shutterstock.com; S. 68: USBFCO/Shutterstock.com; S. 71: zlikovec/Shutterstock.com; S. 72: Schon/Moment/Getty Images; S. 75: NicoElNino/Shutterstock.com; S. 76: Stefan Cristian Cioata/Moment/Getty Images; S. 79: nadia_if/Shutterstock.com; S. 80: Creative Travel Projects/Shutterstock.com; S. 83: Halfpoint Images/Moment/Getty Images; S. 86: Maria Fuchs/Image Source/Getty Images; S. 88: stock.adobe.com/Iuliana; S. 90: Roman Milavin/Shutterstock.com; S. 93: Indre Pau/Shutterstock.com; S. 95: Jorg Greuel/Stone/Getty Images; S. 96: Dougal Waters/Stone/Getty Images; S. 99: ljubaphoto/E+/Getty Images; S. 101: stock.adobe.com/kyrychukvitaliy; S. 102: stock.adobe.com/New Africa; S. 105: Miroslav Hlavko/Shutterstock.com; S. 106: stock.adobe.com/thesevencolors; S. 108: stock.adobe.com/standret; S.110: Tadashi Okabe/Shutterstock.com; S. 113 Suttipong Sutiratanachai/Moment/Getty Images; S. 115: stock.adobe.com/maryviolet; S. 117: Simon Bratt/Shutterstock.com; S. 118: Alina Kruk/Shutterstock.com; S. 121: STOCK4B Creative/Getty Images; S. 122: stock.adobe.com/by paul; S. 125: stock.adobe.com/Cozine; S. 126: Pefkos/Shutterstock.com; S. 129: Dennis van de Water/Shutterstock.com; S. 130: stock.adobe.com/firewings; S. 132: Mats Brynolf/Moment/Getty Images; S. 134: Preserved Light Photography/Image Source/Getty Images; S. 136: Alexlukin/Shutterstock.com; S. 138: Sara Winter/Shutterstock.com; S. 141: Rick Neves/Moment/Getty Images; s. 143: movit/Shutterstock.com.

Layout: Barbara Fuchs
Satz: Peter Ball, Media Diversified GmbH
Gesamtherstellung: Printfactory, Istanbul

Ich wäre jetzt lieber draußen – Kleine Auszeiten in der Natur
ISBN 978-3-8485-0107-6

www.groh.de

FSC www.fsc.org
MIX
Papier aus verantwortungsvollen Quellen
FSC® C130076

1 2 3 4 5